BEI GRIN MACHT SICH IHR WISSEN BEZAHLT

AF135883

- Wir veröffentlichen Ihre Hausarbeit,
  Bachelor- und Masterarbeit

- Ihr eigenes eBook und Buch -
  weltweit in allen wichtigen Shops

- Verdienen Sie an jedem Verkauf

Jetzt bei www.GRIN.com hochladen und kostenlos publizieren

GRIN

Bibliografische Information der Deutschen Nationalbibliothek:

Die Deutsche Bibliothek verzeichnet diese Publikation in der Deutschen National-
bibliografie; detaillierte bibliografische Daten sind im Internet über http://dnb.d-
nb.de/ abrufbar.

Impressum:

Copyright © 2018 GRIN Verlag
Druck und Bindung: Books on Demand GmbH, Norderstedt Germany
ISBN: 9783346020628

Dieses Buch bei GRIN:

https://www.grin.com/document/499450

Rita Betke

Krafttraining mit der ILB-Methode

GRIN Verlag

GRIN - Your knowledge has value

Der GRIN Verlag publiziert seit 1998 wissenschaftliche Arbeiten von Studenten, Hochschullehrern und anderen Akademikern als eBook und gedrucktes Buch. Die Verlagswebsite www.grin.com ist die ideale Plattform zur Veröffentlichung von Hausarbeiten, Abschlussarbeiten, wissenschaftlichen Aufsätzen, Dissertationen und Fachbüchern.

Besuchen Sie uns im Internet:

http://www.grin.com/

http://www.facebook.com/grincom

http://www.twitter.com/grin_com

Deutsche Hochschule für

Prävention und Gesundheitsmanagement

Hermann Neuberger Sportschule 3

66123 Saarbrücken

Einsendeaufgabe

Fachmodul: Trainingslehre 1

Studiengang: Gesundheitsmanagement

Datum
Präsenzphase   25.06.2018-28.06.2018

Name, Vorname: Betke, Rita

Studienort: Hamburg

Semester: Wintersemester 2017

Inhaltsverzeichnis

1 Diagnose

Als Grundlage der optimalen Trainingssteuerung dient das 5-Stufen-Modell (Olivier, Marschall & Büsch, 2008, S. 55-57). In der ersten Stufe des Modells, der Diagnose, werden neben den allgemeinen Daten wie Alter, Geschlecht, Körpergröße und Körpergewicht auch biometrische Daten wie Blutdruck, Ruhefrequenz und Körperfettanteil des Kunden erfasst. Des weiteren werden Trainingsmotive, Gesundheits- und Fitnesszustand, Zeitbudget, gesundheitliche Einschränkungen und Medikamenteneinnahme erfasst und bei der Trainingssteuerung berücksichtigt. In einem nächsten Schritt wird ein Krafttest durchgeführt, um die Trainingsgewichte für das Krafttraining ermitteln zu können. Im Nachfolgenden werden tabellarisch die allgemeinen und biometrischen Daten der Probandin dargestellt und anschließend eine Krafttestung mit Bezug auf die allgemeinen und biometrischen Daten durchgeführt.

1.1 Allgemeine und biometrische Daten

Tabelle 1: Allgemeine Daten der Probandin

Allgemeine Daten	Daten der Probandin
Alter	20 Jahre
Geschlecht	Weiblich
Körpergröße	160 cm
Körpergewicht	53 Kg
Trainingsmotive	Muskelaufbau, Figurformung, Fettreduktion/ Abnehmen
Berufliche Tätigkeit	- Duale Studentin - Hauptsächlich sitzende Tätigkeit
Sportliche Aktivität	Frühere sportliche Aktivität: 13 Jahre Rhythmische-Sport-Gymnastik Leistungsstufe: Fortgeschritten Trainingsumfang: 3 mal die Woche, jeweils 3 Stunden Danach Trainingspause von etwa 6 Monaten Aktuell: Krafttraining seit knapp 7 Monaten Trainingsumfang: 2-3 mal pro Woche, jeweils etwa 60 Minuten mit Aufwärmen und Abwärmen Leistungsstufe: Geübt
Zeitlicher Verfügungsrahmen	2-3 Trainingseinheiten die Woche, mit einer Dauer von etwa 45 Minuten

Tabelle 2: Biometrische Daten der Trainierenden

Biometrische Parameter	Daten der Probandin
Blutdruck	120/75 mmHg Normwert: 120-129/ 80-84 mmHg
Ruhepuls	70 Schläge pro Minute Normwert: 60-80 Schläge/ Minute
Orthopädische Probleme	Gelegentlich Rückenschmerzen im LWS- Bereich Stärke der Rückenschmerzen in einer Skala von 1-10 (1: kaum Schmerzen - 10: sehr starke Schmerzen) : Stärke 5
Körperfettanteil	25% Normwert: 21%-32%
Internistische Probleme	Keine Probleme
Medikamenteneinnahme	Keine Medikamenteneinnahme
Gesundheitliche Einschränkungen	Keine gesundheitlichen Einschränkungen
Ärztliche Behandlung	Nicht in ärztlicher Behandlung

Die Probandin weißt gelegentlich Rückenschmerzen im Lendenwirbelsäulen Bereich auf, hat aber dadurch keine gesundheitlichen Einschränkungen und ist deshalb voll belastbar für das Krafttraining. Des weiteren hat die Probandin weder internistische Probleme, noch ist sie in ärztlicher Behandlung oder nimmt Medikamente zu sich. Dies sind gute Voraussetzungen für eine volle Belastbarkeit im Training. Der Normwert für den Blutdruck liegt bei 120-129/80-84 mmHg für Erwachsene. Demnach liegt der Blutdruck der Probandin mit 120/75 mmHg im normalen Bereich und ist kein Risikofaktor für das Training. Der Ruhepuls ist mit 70 Schlägen pro Minute im Bereich des Normwertes von 60-80 Schlägen pro Minute. Aufgrund der Vorerfahrungen im Fitnessstudio, wird die Probandin in die Leistungsstufe „Geübt" eingestuft.

1.2 Krafttestung

Im Folgenden wird mit der Probandin der Mehrwiederholungskrafttest durchgeführt, um im Nachfolgenden die Trainingsgewichte für die Planung des individuellen Trainings zu bestimmen.

1.2.1 Begründung der Auswahl des Testverfahrens

Als Testverfahren wird der Mehrwiederholungskrafttest (X-RM-Test) gewählt. Beim Mehrwiederholungskrafttest werden mehrere Wiederholungen gemacht, somit besteht nicht die Gefahr wie beim 1-RM-Test durch eine Wiederholung mit dem maximalen Gewicht eine falsche Bewegungsausführung zu machen und sich zu verletzen. Aufgrund der geringen Trainingserfahrung ist aus diesem Grund der Mehrwiederholungskrafttest besser geeignet. Mit diesem Test wird das maximale Gewicht für eine vorher festgelegte Wiederholungszahl ermittelt. Man kann also für jede Wiederholungszahl und somit auch für jedes Trainingsziel (Kraftausdauer, Hypertrophie, Maximalkraft) das maximale Gewicht ermitteln und daraus das Trainingsgewicht errechnen. Der 1-RM-Test ist nicht geeignet für die Trainierende, da dieser Maximalkrafttest für Fortgeschrittene bzw. für Leistungssportler gedacht ist. Hier werden im ersten Testsatz zwei Wiederholungen gemacht und in den zwei nächsten Testsätze nur eine Wiederholung. Eine einwandfreie Technik ist bei dem 1-RM-Test Voraussetzung, dies ist bei der Trainierenden jedoch nicht gegeben. Ausgehend von der Diagnose, weißt die Trainierende keine gesundheitlichen Einschränkungen für den Mehrwiederholungskrafttest auf.

1.2.2 Beschreibung des Testablaufes

Bevor der Krafttest durchgeführt wird, wärmt sich die Probandin etwa 10-15 Minuten auf dem Crosstrainer mit einer Herzfrequenz von etwa 140 Schläge/Minute auf. Nach der allgemeinen Aufwärmung, sollte ein spezielles Aufwärmen durchgeführt werden, um lokale Muskelgruppen und Gelenkstrukturen zu mobilisieren. Dafür werden an jedem Gerät etwa 10 Wiederholungen mit etwa 50 % des Arbeitsgewichtes, durchgeführt. Nach der Aufwärmphase werden für die ausgewählten Testübungen die Startgewichte festgelegt und die Wiederholungszahl von 10. Außerdem wird die Bewegungsamplitude, die Bewegungsausführung und das Bewegungstempo, in diesem Fall 2 Sekunden exzentrische Bewegung, 0 Sekunden Pause am Umkehrpunkt und 2 Sekunden konzentrische Bewegung (2/0/2) festgesetzt. Wurde der Erste Testsatz mit 10 Wiederholungen erfolgreich durchgeführt, werden beim Zweiten und bei Bedarf beim Dritten Testsatz die Gewichtslast um etwa 5%, 10% oder 25% je nach subjektivem Belastungsempfinden der Probandin gesteigert. Das Testgewicht wird erreicht, wenn die 10 Wiederholungen gerade noch so konzentrisch bewegt werden, aber dennoch die Wiederholung sauber durchgeführt werden konnte. Durch den Mehrwiederholungskrafttest wird das maxi-

male Gewicht für die spätere Trainingsplanung analysiert. Nach Abschluss des Krafttes-
tes sollte ein Abwärmen folgen.

1.2.3   Durchführung und Testergebnisse

Tabelle 3: Ergebnisse des Mehrwiederholungskrafttestes der Probandin

Übung	Wie-derho-lungs-anzahl	Bewe-gungs-tempo	Testsatz 1	Testsatz 2	Testsatz 3	Trainings-gewicht
Beinpresse lie-gend	10	2I0I2	145 kg	160kg	180kg	180kg
Rumpfextensions-maschine	10	2I0I2	61kg	75kg	(3 Wdh.)	75kg
Rumpfflexionsma-schine	10	2I0I2	30kg	35kg	(2 Wdh.)	35kg
Enges Rudern am Seilzug, sitzend, neutraler Griff	10	2I0I2	33kg	(4 Wdh.)	-	33kg
Brustpresse sit-zend am gerät, Obergriff	10	2I0I2	20 kg	(5 Wdh.)	-	20kg
Schulterpresse sitzend am Gerät, Obergriff	10	2I0I2	20kg	25kg	(4 Wdh.)	25kg
Bizeps am Gerät, Untergriff	10	2I0I2	10kg	15kg	(3 Wdh.)	15kg
Trizeps am Gerät, Obergriff	10	2I0I2	45kg	50kg	(3 Wdh.)	50kg
Rumpfrotations-maschine	10	2I0I2	50 kg	(4 Wdh.)	-	50 kg

1.2.4   Schlussfolgerung für die Trainingssteuerung und Trainingsplanung

Ein interindividuellen Leistungsvergleich ist nicht möglich, da viele Störgrößen einwir-
ken und deshalb keine Normwerte für die Vergleichbarkeit der Maximalkraft existieren.
Bei konsequenter und exakter Standardisierung der Testrahmenbedingungen, des Test-
ablaufs und der Testmethodik, ist ein intraindividueller Leistungsvergleich möglich. Der
Ansatz zur Ermittlung der Trainingsintensität spiegelt die Individuelle-Leistungs-

bild-Methode (ILB- Methode) wieder. Die ermittelten Gewichte dienen nun als Basis um die Trainingsgewichte für die Trainingsplanung prozentual nach der ILB-Methode zu errechnen.

2   Zielsetzung und Prognose

Die zweite Stufe des 5-Stufen-Modells, beinhaltet die Zielsetzung. Die Zielsetzung sollte mit Absprache des Klienten erfolgen und anhand von Inhalt, Ausmaß und Zeit, konkretisiert werden.

Im Nachfolgenden Kapitel werden in Hinblick auf die Diagnose drei Ziele zusammen mit der Probandin aufgestellt und anschließend begründet.

Tabelle 4: Ziele der Probandin für die Trainingsplanung

Inhalt	Ausmaß	Zeit
Muskelaufbau	2 kg	6 Monate
Körperfettreduktion	Von 25% auf 22%	6 Monate
Die Rückenschmerzen lindern	Von der Stufe 5 der Schmerzskala auf die Stufe 2	6 Monate

Im Diagnosegespräch nannte die Trainierende Trainingsmotive wie Figurformung, Muskelaufbau und Fettreduktion. Aus diesen Trainingsmotiven wurden nun 3 Ziele festgelegt. Die Trainierende möchte ihren Körper formen, dieses Ziel erreicht sie mit dem Aufbau von Muskeln. Ein realistisches Ziel sind 2 kg Muskelmasse in 6 Monaten aufzubauen. Des weiteren wurde aus dem Diagnosegespräch entnommen, dass die Trainierende Rückenschmerzen hat. Aus diesem Grund ist ein Ziel, die Senkung der Schmerzen von Stufe 5 auf Stufe 2 der Schmerzskala. Die Trainierende möchte ihr Körperfett reduzieren. Je höher der Fettanteil ist, desto geringer ist auch der Grundumsatz, da das Körperfett keinen eigenen Energiebedarf hat (Haber, 2018, S. 18). Durch den Aufbau von Muskelmasse erhöht sich der Grundumsatz. Dadurch kann es durch regelmäßiges Training und eine kalorienarme Ernährung zur Gewichtsreduktion bzw. Fettreduktion kommen. Das Ziel ist 3% Körperfett in 6 Monaten zu verlieren. Durch regelmäßiges Training und eine ausgewogene Ernährung ist dies ein realistisches Ziel.

3   Trainingsplanung Makrozyklus

Die Trainingsplanung ist die dritte Stufe des 5-Stufen-Modells der Trainingssteuerung. Wichtig sind hierbei die Methodenauswahl, die Übungsauswahl und die Periodisierung des Trainings. Im folgendem Kapitel wird ein individueller Trainingsplan über etwa sechs Monate erstellt und anschließend die Wahl der verschiedenen Parameter des Makrozykluses begründet.

3.1   Trainingsplanung

Tabelle 5: Makrozyklusplanung für die Probandin

	Mesozyklus 1	Mesozyklus 2	Mesozyklus 3	Mesozyklus 4
Zyklusdauer	6 Wochen	8 Wochen	8 Wochen	6 Wochen
Trainingsmethode	ILB- Methode	ILB- Methode	ILB- Methode	ILB- Methode
Spezifisches Trainingsziel	Kraftausdauer	Hypertrophie	Hypertrophie	Maximalkraft
Anzahl der Trainingseinheiten pro Woche	2–3 x pro Woche	3 x pro Woche (Montag, Mittwoch, Freitag)	3 x pro Woche (Montag, Mittwoch, Freitag)	3 x pro Woche (Montag, Mittwoch, Freitag)
Organisationsform	Ganzkörpertraining/ Kreistraining	Ganzkörpertraining/ Kreistraining	Ganzkörpertraining/ Kreistraining	Ganzkörpertraining/ Kreistraining
Anzahl der Übungen pro Muskelgruppe	1–2 Übungen	1–2 Übungen	1–2 Übungen	1–2 Übungen
Anzahl der Sätze pro Übung	2 Sätze	2 Sätze	2 Sätze	2 Sätze
Satzpausen	60 Sekunden	60-90 Sekunden	90 Sekunden	90-180 Sekunden
Wiederholungsanzahl	15	10	8	5
Intensität	60-80% vom ILB*	60-80% vom ILB*	60-80% vom ILB*	60-80% vom ILB*
Bewegungstempo	2I0I2	2I0I2	2I0I2	1I0I1

*nach jedem Mesozyklus wird der Krafttest erneut durchgeführt

Der Makrozyklus hat eine Dauer von 28 Wochen und ist in vier Mesozyklen aufgeteilt. Die übergeordnete Trainingsmethode ist die „Individuelle-Leistungsbild-Methode" (ILB- Methode) nach Strack und Eifel (2005, S. 153). Die ILB- Methode eignet sich besonders für den Fitness- und Gesundheitssport. Die Belastungsparameter sind dem Grobraster der ILB- Methode übernommen wurden.

3.2 Begründung des Makrozyklus

In den nachfolgenden Unterkapiteln wird begründet warum die Trainingsmethode, die Belastungsparameter, die Organisationsform und die Periodisierung gewählt wurden sind.

3.2.1 Begründung der Trainingsmethode

Für die Trainingsplanung wurde die Individuelle-Leistungsbild-Methode (ILB-Methode) gewählt (Strack & Eifler, 2005, S.153). Bei der ILB-Methode wird der Leistungszustand des Sportlers durch die differenzierten Leistungsstufen berücksichtigt. Wenn sie eine Leistungsstufe hoch rückt, kann man die Belastungsparameter gut aus dem Grobraster entnehmen. Die Trainierende wird als „geübt" eingestuft, da sie bereits länger als 6 Monate und weniger als 12 Monate trainiert. Sie wird mit 60-80% der Testgewichte die zu Beginn durch den Mehrwiederholungskrafttest ermittelt wurden sind, trainieren. Die ILB- Methode baut auf den Mehrwiederholungskrafttest auf und hat den Vorteil, dass man für eine bestimmte Wiederholungszahl je nach Trainingsziel (Kraftausdauer, Hypertrophietraining, Maximalkrafttraining) das Trainingsgewicht ableiten kann. Die Wiederholungszahl sowie das spezifische Trainingsziel werden individuell an die Kundin angepasst. Dies ist abhängig von dem individuellen Trainingsziel sowie von der Leistungsfähigkeit. Aus gesundheitlicher Sicht bestehen keine Bedenken die ILB- Methode anzuwenden.

3.2.2 Begründung der Wahl der Belastungsparameter

Die Trainierende wurde nach der ILB-Methode in das Grobraster „Geübter" eingestuft, da Sie mit 7 Monaten Trainingserfahrung zwischen der zeitlichen Vorgabe von 6-12 Monaten liegt. Aus diesem Grund wurde für die Trainingsplanung die Intensität 60-80% der maximalen Gewichten bestimmt. Laut Güllich und Schmidtbleicher (1999) ist die Methode der submaximalen Kontraktion bis zur Erschöpfung mit einer Intensität von 60-85% des individuellen 1-RM gegenüber höheren Intensitäten effektiver zum Aufbau von Muskelmasse. Um überhaupt Effekte im Sinne einer Hypertrophie zu erreichen, sind Intensitäten über 50% des individuellen Maximums notwendig. Nach jedem Mesozyklus wird der Krafttest erneut durchgeführt und die Trainingsintensität angepasst.

Tabelle 6: Grobraster zur Trainingsplanung nach der ILB-Methode (vgl. Strack & Eifel, 2005)

Leistungsstufe	Zeitstufe (Monate)	Organisationsform	Einheiten/ Woche	Übungen/ Muskel	Sätze/ Übung	Intensität in % ILB
Orientierungsstufe	0-1,5	GK	1-2	1-2	1-2	gering
Beginner	1,5-6	GK	1-2	1-2	1-2	50-70
Geübter	6-12	GK	2-3	1-2	2	60-80
Fortgeschrittener	>12	GK/ Split	3-6	1-3	2-3	70-90
Leistungstrainierender	>36	GK/ Split	3-6	1-4	2-4	80-100

Außerdem liegt der maximale Trainingserfolg für die Maximalkraft laut Fröhlich und Schmidtbleicher zwischen 2-4 Trainingseinheiten pro Woche (2008, S.4). Die gewählte Trainingshäufigkeit von 2-3 mal die Woche liegt in diesem Rahmen. Um den zeitlichen Verfügungsrahmen nicht zu übersteigen, genügen 1-2 Übungen pro Muskelgruppe.

Es wurden 2 Sätze pro Übung gewählt, da viele Studien gezeigt haben, dass ein Mehrsatztraining gegenüber einem Einsatztraining im Hinblick auf die Kraftentwicklung effektiver ist (Greiwing & Freiwald, 2005).

3.2.3 Begründung der Organisationsform

Im Makrozyklus wurde aufgrund des zeitlichen Verfügungsrahmen von maximal 45 Minuten je Trainingseinheit, das Kreistraining gewählt. Durch das Kreistraining kann gegenüber dem Stationstraining, durch das Einsparen der Satzpausen, Zeit gespart werden (Fröhlich, 2014, S. 10). Aus gesundheitlicher Sicht bestehen keine Probleme für die hohe Belastungsdichte beim Kreistraining. Außerdem hat die Trainierende beim Eingangsgespräch erwähnt, dass sie durch die sitzende Tätigkeit und das viele lernen viel Energie hat und sich gerne mal auspowert. Dies kann sie sehr gut durch das Kreistraining verwirklichen.

3.2.4 Begründung der Periodisierung

Als Einstieg für ein langfristiges Krafttraining sollte nach Fröhlich (2014 S, 10) das Kraftausdauertraining gewählt werden, um neben muskelphysiologischen Anpassungen auch die intra- und intermuskuläre Koordination zu stärken. Außerdem kommt es zu einer adäquaten Herz-Kreislauf-Aktivierung. Durch die höhere Wiederholungszahl und geringe Intensität werden die Bewegungsabläufe und die korrekte Technik der Übung geschult. Zum anderen wird das neuromuskuläre System auf höhere Belastungen vorbereitet. Die nächsten zwei Mesozyklen beinhalten das Hypertrophietraining. Dadurch kommt es zur Muskelquerschnittzunahme und Aufbau von Muskelmasse, was wiederum das knöcherne und gelenkige System entlastet (Fröhlich, 2014, S. 8-10). Durch diese Effekte kann die Trainierende ihre Figur formen. Durch den Aufbau von Muskulatur wird der Grundumsatz erhöht, dies wirkt sich günstig auf den Körperfettanteil der Trainierenden aus. Für den letzten Zyklus wurde das Maximalkrafttraining gewählt, um das vergrößerte Muskelpotenzial für sportliche und alltägliche Bewegung auch gut nutzen zu können. Durch das Maximalkrafttraining wird die neuronale Ansteuerung durch eine verbesserte Frequentierung, Rekrutierung und Synchronisation der motorischen Einheiten gewährleistet (Fröhlich, 2014, S. 10). Des weiteren wird von Mesozyklus zu Mesozyklus die Intensität progressiv gesteigert, um einen trainingswirksamen Reiz zu setzen. Durch einen überschwelligen Reiz wird die Muskulatur erschöpft und anschließend werden die Reserven wieder hergestellt. Das neue Gleichgewicht (Homöostase) übersteigt das vorherige Leistungsniveau und die Muskulatur benötigt einen stärken Reiz. Dieses Prinzip wird auch Superkompensation genannt (Hofmann, Tschakert & Müller, 2017, S. 250).

4 Trainingsplanung Mesozyklus

Im Folgenden Kapitel wird der Mesozyklus 2 vom Makrozyklus dargestellt. Dieser Mesozyklus fokussiert sich auf das Hypertrophietraining.

4.1 Die Planung vom Mesozyklus

Tabelle 7: Belastungsparameter bezogen auf den zweiten Mesozyklus

Parameter	Angaben für das Training
Zyklusdauer	8 Wochen
Spezifisches Trainingsziel	Muskelaufbau
Trainingseinheiten pro Woche	3 mal die Woche (Montag, Mittwoch, Freitag)
Organisationsform	Kreistraining
Übungen pro Muskelgruppe	1-2 Übungen
Sätze pro Übung	2 Sätze
Satzpausen	60-90 Sekunden
Wiederholungszahl	10
Intensität	60-80% vom ILB (Woche 1-2: 60%, Woche 3 65%, Woche 4: 70%, Woche 5-6: 75%, Woche 7- 8: 80%
Bewegungstempo	2/0/2

4.2 Auswahl der Übungen für den Mesozyklus

Tabelle 8: Übungsauswahl des Mesozyklus 2

Übung	Wieder-holun-gen	Woche 1	Woche 2	Woche 3	Woche 4	Woche 5	Woche 6	Woche 7	Woche 8
Beinpresse liegend	10	108 kg	108 kg	118 kg	125 kg	135 kg	135 kg	145 kg	145 kg
Brustpresse sitzend am gerät, Obergriff	10	12	12	13 kg	14 kg	15 kg	15 kg	16 kg	16 kg
Enges Rudern am Seilzug, sitzend, neutraler Griff	10	20 kg	20 kg	22 kg	24 kg	25 kg	25 kg	27 kg	27 kg
Rumpfflexionsmaschine	10	20 kg	20 kg	22,5 kg	25 kg	27,5 kg	27,5 kg	30 kg	30 kg
Rumpfextensionsmaschine	10	45 kg	45 kg	50 kg	52,5 kg	55 kg	55 kg	60 kg	60 kg
Rumpfrotationsmaschine	10	30	30	32,5	35	37,5	37,5	40	40
Schulterpresse sitzend am Gerät, Obergriff	10	15 kg	15 kg	16 kg	18 kg	19 kg	19 kg	20 kg	20 kg
Bizeps am Gerät, Untergriff	10	9 kg	9 kg	10 kg	11 kg	11,5 kg	11,5 kg	12 kg	12 kg
Trizeps am Gerät, Obergriff	10	30 kg	30 kg	32,5 kg	35 kg	37,5 kg	37,5 kg	40 kg	40 kg

Einige Gewichte mussten auf- oder abgerundet werden, da man nicht an allen Geräten die Gewichte der errechneten Ergebnisse einstellen kann.

4.3 Begründung der Übungsauswahl

Die Trainierende trainiert in dem Mesozyklus an geführten Maschinen, da diese gegenüber dem Training mit freien Gewichten leichter zu erlernen sind, eine geringere Übungsvarianz aufweisen und dadurch weniger Fehler entstehen. Durch die vorgegebene Bewegungsausführung, reduziert sich die Verletzungsgefahr. Das Training an freien Gewichten ist aufgrund der geringen Trainingserfahrung der Trainierenden nicht ratsam, da hier eine Eigenstabilisation gefordert ist und die Bewegung koordinativ anspruchsvoller ist. Im späteren Training, könnte man dann auch freie Übungen ausprobieren (Haber, 2018, S. 174). Durch den Wunsch den Körperfettanteil zu reduzieren, werden bevorzugt die großen Muskelgruppen trainiert. Durch den Aufbau von stoffwechselaktiver Muskulatur, erhöht sich der Energie- und der Kalorienverbrauch. Dadurch verliert die Trainierende an Gewicht und der Körperfettanteil wird gesenkt. Auch die Studie von Rometsch (2010) zeigte, dass durch Krafttraining der Körperfettanteil sinkt.

Die Reihenfolge der Übungen erfolgt unter den Gesichtspunkten der Priorität von Muskelgruppen, Aspekt des Muskelmasseanteils, Aspekt der Komplexität und Aspekt des koordinativen Anspruchs. Das Training startet mit der größten Muskelgruppe, nämlich der Beinmuskulatur an der Beinpresse. Daraufhin folgt die Brustpresse, hier arbeitet neben der Brustmuskulatur auch der Bizeps. Deshalb macht es Sinn den Bizeps nicht schon vorher isoliert zu trainieren, da bei der Trainierenden der Bizeps nicht sehr stark ausgeprägt ist und bei Erschöpfung ein limitierender Faktor bei der Brustpresse sein könnte. Durch die Verkürzung der Brustmuskulatur, gelangt der Körper in eine nach vorne geneigt Haltung, deshalb wird als Antagonist der Rücken trainiert, um dagegen zuarbeiten. Anschließend folgt die Rumpfflexionsmaschine, die Rumpfextensionsmaschine und die Rumpfrotationsmaschine. Kleine Muskelgruppen und auch eher schwächere Muskeln der Trainierenden sind Schultern, Bizeps und Trizeps. Diese Muskeln werden am Ende trainiert.

Im Training wurden zum größten Teil eingelenkige Übungen gewählt, da die Übungsausführung einfacher ist als bei mehrgelenkigen Übungen und ist somit an die Leistungsfähigkeit der Trainierenden angepasst.

Im Training wurden jene großen Muskelgruppen berücksichtigt, die für die jeweiligen Hauptbewegungsrichtungen in den Gelenken zuständig sind, um gleichmäßig Muskulatur aufzubauen. Außerdem wurde in der Trainingsplanung darauf geachtet den Antagonisten auch zu trainieren, um muskuläre Dysbalancen zu vermeiden (Haber, 2018, S. 173). Durch die Trainingsreize wird der Muskel aktiviert und es kommt zum Dickenwachstum auch Hypertrophie genannt. Dies geschieht durch die Vermehrung der Myofibrille. Der auslösende Reiz für die Hypertrophie der Muskelzelle ist die wiederholte aktive oder passive Spannungsentwicklung (Güllich & Krüger, 2013). Durch das Krafttraining wird Muskelmasse aufgebaut und so kann die Trainierende ihr Trainingsmotiv der Figurformung nachkommen. Der Schwerpunkt des Trainingsplans, liegt bei dem Aufbau von Muskulatur, die für die sechs Bewegungsrichtungen (Rotation, Lateralflexion, Extension und Flexion) der Wirbelsäule verantwortlich sind, um die Wirbelsäule zu stabilisieren und damit die Rückenschmerzen der Trainierenden zu lindern. Deshalb wurden Bauch- und Rückenmuskulatur im Trainingsplan vor Schultern und Armen trainiert. Insbesondere durch die sitzende Tätigkeit wird der Rücken durch Druck auf die Bandscheiben belastet. Durch das gleichmäßige Training dieser Muskulatur wird die Fascia thoracolumbalis optimal verspannt und kann dadurch von außen wirkende Lasten, optimal auf die Wirbelsäulenabschnitte verteilen. Eine Studie von Stephan, Goebel und Schmidtbleicher (2011) lieferten ebenfalls positive Effekte bezüglich Rückenschmerzen durch Krafttraining speziell der Rumpfmuskulatur. Bei der Rumpfextensionsmaschine wird der Mm. erector spinae trainiert. Dieser ist dafür zuständig die Wirbelsäule aufzurichten und eine gerade Haltung aufzunehmen. Der m. rectus abdominis wird überwiegend bei der Rumpfflexionsmaschine trainiert. Diese Muskulatur ist wichtig für die Eigenstabilität des menschlichen Körpers und bildet die Grundlage für spätere freie Übungen. Die Rumpfrotationsmaschine trainiert vor allem den m. obliquus externus abdominis, m. obliquus internus abdominis und den m. transversus abdominis und ist ebenfalls für die Stabilisation des Körpers zuständig.

Durch die Beinpresse werden unter anderem der m. quadriceps femoris, m. glutaeus maximus und m. biceps femoris caput longum trainiert. Die Beinmuskulatur ist sehr wichtig für Alltagsbelastungen wie gehen oder Treppen steigen. Außerdem möchte die Trainierende für den nächsten Sommer gerne schöne straffe Beine sowie Gesäß haben.

Beim Rudern wird in erster Linie m. latissimus dorsi, m. teres major und m. trapezius pars transversa beansprucht. Auch diese Übung stabilisiert den Rücken.

Der m-. pectoralis major, m. deltoideus pars acromialis und m. deltoideus pars clavicularis sind unter anderem die primär beteiligte Muskulatur bei der Brustpresse. Die beteiligte Muskulatur bei der Brustpresse sind Antagonisten der Muskulatur die beim Rudern beansprucht wird.

Durch die Schulterpresse werden m. biceps brachii, m. deltoideus pars acromialis und m. deltoideus pars clavicularis für schöne muskulöse Schultern trainiert.

An der Bizebsmaschine wird überwiegend der m. biceps brachii trainiert und an der Trizebsmaschine überwiegend der m. triceps brachii. Diese Übungen sind gut für straffe Arme. Der „Winke-arm" wird durch die Trizebsmaschine vorgebeugt.

5 Effekte des Krafttrainings bei Rückenschmerzen

Tabelle 9: Studie 1: Krafttraining bei chronischen lumbalen Rückenschmerzen. Ergebnisse einer Längsschnittstudie

Wer hat die Studie durchgeführt?	Goebel, S., Stephan, A., Freiwald,J.
In welchem Jahr wurde die Studie publiziert?	2005
Mit welchen Versuchspersonen wurde die Studie durchgeführt?	Kontrollgruppe: n: 33 Personen davon 20 Männer und 13 Frauen Durchschnittsalter : 47,1 Jahre Berufstätig: 30 Personen, davon Vollzeitbeschäftigt 24 Personen Chronischer Rückenschmerzen seit mehr als 12 Monaten: 18 Personen Medizinische Kräftigungstherapie(MKT)- Gruppe n: 69 Personen davon 53 Männer und 16 Frauen Durchschnittsalter 46,1 Jahre Berufstätig 63 Personen davon Vollzeitbeschäftigt 57 Personen Chronischer Rückenschmerzen seit mehr als 12 Monaten: 38 Personen Einschlusskriterien: chronische Rückenschmerzen seit mind. 6 Monaten, mehr als 2 akute Lumbalgien pro Jahr innerhalb der letzten 2 Jahre mit jeweils mindestens einwöchiger Arbeitsunfähigkeit. Die Studie begann mit 128 Personen und nur 102 Personen erschienen zur erneuten Befragung.
Wie sah der Versuchsaufbau der Studie aus?	-Datenerhebung: Vor der Medizinischen Kräftigungstherapie (MKT) nach der MKT und nach weiteren 12 Monaten. -Kontrollgruppe: Erhielten ärztlichen und physiotherapeutischen Behandlungen, kein spezielles Krafttraining oder anderen Interventionen, Fragebögen vor der MKT und nach weiteren 12 Monaten. Der Fragebogen enthielt folgende Themen Subjektive Gesundheit, Funktionskapazität Rücken, Einschätzung Rückenschmerz, Einschätzung der Arbeitsfähigkeit, Angaben zu Krankheitskosten
Welche relevante Ergebnisse lieferte die Studie?	Subjektive Gesundheit MKT- Patienten: Fühlten sich 20% viel besser, 33% etwas besser, 37% etwa gleich und 9% schlechter als im letzten Jahr. Kontrollgruppe: Blieb der Gesundheitszustand bei 55% etwa gleich, bei 21% verbesserte er sich, bei 24% verschlechterte er sich Funktionskapazität Rücken In der MKT- Gruppe lag der Wert der Evaluation durchschnittlich bei 70,8 ± 16,3%. Nach 12 Monaten verbesserte sich die Funktionskapazität auf 79,6 ± 15,1%. Die Funktionsfähigkeit der Kontrollgruppe veränderte sich nach 12 Monaten der Wert von 72,5 ± 17% zu =72,1 ± 21,3% kaum. Einschätzung Rückenschmerz Die Häufigkeit der Rückenschmerztage in den letzten 4 Wochen änderte sich bei den MKT-Patienten von 21,6 ± 8,4 auf 13,1 ± 10,5. Die Einschränkung durch Rückenschmerzen bei Alltagstätigkeiten von 8,8 ± 10,6 Tagen auf 1,6 ± 3,5 Tage. In der Kontrollgruppe kam es zu einer Reduktion von 16 ± 9,6 Schmerztagen auf 5,1 ± 9,1 Tage. Und zu einer Einschränkung bei 7,5 ± 9,2 Tagen und nach 12 Monaten bei 5,1 ± 9,1 Tagen. Einschätzung der Arbeitsfähigkeit In der MKT- Gruppe waren zu Beginn 23 Personen, die keine Einschränkung in der Arbeitsfähigkeit aufwiesen und nach 12 Monaten waren es 33 Personen. In der Kontrollgruppe veränderte sich der Wert von 23 auf 16 Personen. AU- Tage In der MKT- Gruppe konnten 21 Personen wegen Rückenschmerzen mindestens einmal innerhalb des Evaluationsjahres, nicht zur Arbeit gehen. Pro arbeitsunfähiger Person kam es im Durchschnitt zu 2,1 Krankschreibungen, die durchschnittliche AU-Zeit betrug 4,2 Wochen. In der Kontrollgruppe blieben 10 Personen der Arbeit fern, die Anzahl der Krankschreibungen pro arbeitsunfähiger Person bei 3,4 und die durchschnittliche AU-Zeit bei 8,9 ± 3,9 Wochen.
Welche relevante Schlussfolgerungen lieferte die Studie?	Aufgrund der Ergebnisse lässt sich feststellen, dass es sinnvoll ist die medizinische Kräftigungstherapie verstärkt durchzuführen, um Rückenschmerzen zu lindern.

Tabelle 10: Studie 2: Effekte maschinengestützten Krafttrainings in der Behandlung chronischen Rückenschmerzes

Wer hat die Studie durchgeführt?	Stephan, A., Goebel,S., Schmidtbleicher, D.
In welchem Jahr wurde die Studie publiziert?	2011
Mit welchen Versuchspersonen wurde die Studie durchgeführt?	Trainingsgruppe:Start (0 Monate) 80 Teilnehmer aus 57 Einrichtungen nach 6 Monaten sind 58 Teilnehmer aus 45 Einrichtungen übrig geblieben Kontrollgruppe: Start (0 Monate) und nach 6 Monaten blieb die Zahl bei 16 Teilnehmer aus 16 Einrichtungen Alle Teilnehmer waren zum Zeitpunkt der Studie volljährig. Einschlusskriterien - Rückenschmerzen seit mehr als 12 Wochen oder mindestens zwei rezidivierende Schmerzschübe im Jahr seit zwei Jahren - Selbstständiges Training laut Ärzten möglich - Chronifizierungsgrad 1 oder 2 Ausschlusskriterien -Osteoporose - Instabiles Herz-Kreislauf-System, Verletzungen/ Entzündungen am Bewegungsapparat, (Ehemaliger) Kunde beim Anbieter Nahezu alle Teilnehmer berichten über Schmerzen in der Lendenwirbelsäule innerhalb des letzten Monats.
Wie sah der Versuchsaufbau der Studie aus?	Der Interventionszeitraum betrug 6 Monate und die Teilnehmer wurden schriftlich über den Ablauf und die Ziele der Studie informiert und gab sein schriftliches Einverständnis zur Teilnahme. Die Trainingsgruppe führte eine Maximalkraftmessung der Lumbalextensoren und anschließend ein progressives hypertrophieorientiertes Krafttraining 6-mal im Monat an Trainingsmaschinen mit variablem Widerstand durch. Ziel war eine Funktions- und Strukturverbesserung der Muskulatur, vor allem im Rumpf. In den ersten drei Trainingseinheiten erfolgte eine Einweisung durch qualifiziertes Personal; welches vorher eine einheitliche Aus- und Fortbildung erhielten, um eine Standardisierung der Trainings- und Erhebungsmethoden zu erreichen. In allen Einrichtungen sind identische Trainingsgeräte, Trainingsprogramme und Belastungsnormative vorhanden. Im 10. und jedem 20. Training erhielten die Probanden individuelle Trainingskontrollen und ggf. anpassungen. Um den Schmerz zu messen, wurden Schmerzskalen Pain Severity (PS), Effects of Pain (EP), eine numerische Ratingskala zur mittleren Schmerzintensität sowie der Oswestry Disability Index (ODI) eingesetzt. Kontrollgruppe Die Kontrollgruppe erhielt keine Trainingsmaßnahmen über die 6 Monate.
Welche relevante Ergebnisse lieferte die Studie?	Trainingsgruppe 20 Personen schmerzfrei, davon hatten vorher 9 mäßige/starke Schmerzen und 11 leichte/sehr leichte Schmerzen Kontrollgruppe 6 Personen schmerzfrei, davon 3 Personen die sehr leichte bzw. mäßige Schmerzen vor der Intervention berichteten
Welche relevante Schlussfolgerungen lieferte die Studie?	Ein Ganzkörpertraining, welches 6 mal im Monat durchgeführt wird, hilft gegen chronische Rückenschmerzen im Anfangsstadium. Das Schmerzniveau und die Beeinträchtigung wird reduziert.

6 Literaturverzeichnis

Fröhlich, M. (2014). Krafttraining. In H.-D. Kempf (Hrsg.), *Funktionelles Training mit Hand- und Kleingeräten* (S. 3-12). Berlin Heidelberg : Springer- Verlag.

Fröhlich, M. & Schmidtbleicher, D. (2008). Trainingshäufigkeit im Krafttraining – ein metaanalytischer Zugang. *Deutsche Zeitschrift für Sportmedizin*, 59 (2), S.4-12.

Goebel, S., Stephan, A. & Freiwald, J. (2005). Krafttraining bei chronischen lumbalen Rückenschmerzen. Ergebnisse einer Längsschnittstudie. *Deutsche Zeitschrift für Sportmedizin*, S.388-392.

Greiwing, A. & Freiwald, J. (2005). Effects of three resistance training methods on maximal strength endurance and muscle thickness of the m. quadriceps femoris. In J. Gießing, M. Fröhlich & P. Preuss (Hrsg.), *Current results of strength training research* (S. 65-79). Göttingen: Cuvillier.

Güllich, A. & Krüger, M. (2013). *Sport Das Lehrbuch für das Sportstudium.* Berlin Heidelberg: Springer-Verlag.

Güllich, A. & Schmidtbleicher, D. (1997). Struktur der Kraftfähigkeiten und ihrer Trainingsmethoden. *Deutsche Zeitschrift für Sportmedizin*, 50 (7,8), 223-234.

Haber, P (2018). *Leitfaden zur medizinischen Trainingsberatung* (4. Aufl.). GmbH Deutschland:Springer-Verlag.

Hofmann, P., Tschakert, G. & Müller, A. (2017). Grundlagen der Trainingslehre. In M. Wonisch, P. Hofmann, H. Förster, H. Hörtnagl, E. Ledl-Kurkowski & R. Pokan (Hrsg.), *Kompendium der Sportmedizin* (S. 245-265). GmbH Austria : Springer-Verlag

Olivier, N., Marschall, F. & Büsch, D. (2008). *Grundlagen der Trainingswissenschaft und –lehre.* Schorndorf: Hofmann.

Rometsch, L. (2010). *Krafttraining zur Gewichtsreduktion Prävention und Therapie von Übergewicht und Adipositas.* Hamburg: Diplomica.

Stephan, A., Goebel, S. & Schmidtbleicher, D. (2011). Effekte maschinengestützten Krafttrainings in der Behandlung chronischen Rückenschmerzes. *Deutsche Zeitschrift für Sportmedizin*, S. 69-74.

Strack, A.& Eifler, C. (2005). The individual lifting performance method (ILP) – a practical method for fitness- and recreational strength training. In J. Gießing, M. Fröhlich & P. Preuss (Hrsg.), *Current results of strengh training research* (S. 153-163). Göttingen: Cuviller.

7 Tabellenverzeichnis

7.1 Tabellenverzeichnis